Ricky Martin

© Copyright 1998
Editorial La Máscara
Pza. Juan Pablo II, n º5-B
46015 Valencia - España

DISEÑO Y MAQUETACIÓN
Editorial La Máscara

PROCEDENCIA DE LAS
FOTOGRAFÍAS:
Radial Press: páginas 16, 22, 25,
38, 42, 46.
SONY: páginas 12, 18, 19, 21, 23,
28, 29,37, 39, 41, 44, 45.
Estanis Nuñez: páginas 31, 48.
Xavier Mercadé: páginas 32, 33,
35.
Resto Archivo Editorial La
Máscara.

FILMACIÓN
Gráficas Papallona

IMPRESO Y ENCUADERNADO
POR
Sorell Impresores S. A.
Polígono Industrial de
Rafelbunyol
Valencia - España

ISBN
84 - 7974 - 323 - 9
DEPÓSITO LEGAL
V - 2495 - 1998

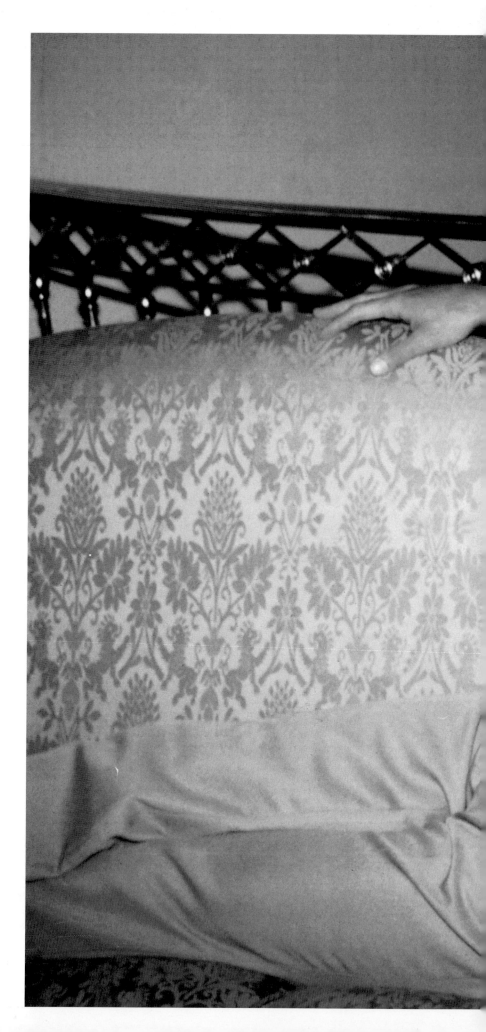

Ricky Martin, el llamado «príncipe del pop latino», hizo bailar a medio planeta con *María*. Ahora, con *La copa de la vida*, canción oficial de los Mundiales de Fútbol Francia 98 incluida en su último disco, tiene la intención de hacer lo mismo. Y para conseguirlo le sobra talento, fama, simpatía y fans. Este artista portorriqueño ha conquistado el corazón de miles de chicas jóvenes, y no tan jóvenes, a fuerza de una enorme capacidad de trabajo, un atractivo indiscutible y una desbordante naturalidad. Es una de las figuras clave de la música latina de los noventa y una de las personas más encantadoras del mundo del espectáculo.

Ricky Martin —cuyo verdadero nombre es Enrique Morales— nació el 24 de diciembre de 1971 en Hato Rey (Puerto Rico). Sus padres se separaron cuando tenía dos años, pero él siempre dice que tuvo una infancia feliz pues sus progenitores fueron un ejemplo de respeto y han mantenido muy unida a la familia. A los seis acompañó a un primo suyo a realizar una prueba para un espot de televisión. El azar intervino a favor de Ricky, que resultó elegido. Aquel día decidió su vocación artística. Comenzó a participar en anuncios televisivos, tomó lecciones de canto e interpretación y se marcó un objetivo: formar parte del grupo musical mexicano Menudo.

Menudo es en Latinoamérica casi una leyenda: el grupo está compuesto por jóvenes que lo abandonan cuando dejan de ser adolescentes, y son reemplazados por artistas más pequeños. En él no hay líderes, ni existe el riesgo de que sus componentes envejezcan o se hastíen de la fama. Ricky entró a formar parte de Menudo después de varios intentos. Con el grupo viajó por todo el mundo, adquirió profesionalidad y disciplina, conoció el éxito y la fama: Menudo fue su particular escuela. Esta experiencia sirvió como rampa de lanzamiento para su carrera en solitario.

Cuando dejó Menudo, Ricky, un artista versátil y camaleónico, decidió ser actor. A los 18 años se trasladó a Nueva York, donde estudió arte dramático durante un tiempo. Poco después, en México, intervino en el musical *Mamá ama el rock*, que fue un gran éxito en las carteleras aztecas. Más tarde interpretó a Pablo, el cantante de una ficticia banda de rock, en la serie televisiva *Alcanzar una estrella*, que emitía la cadena mexicana Televisa. También protagonizó la versión cinematográfica de la serie, trabajo con el que consiguió el premio al mejor actor del año.

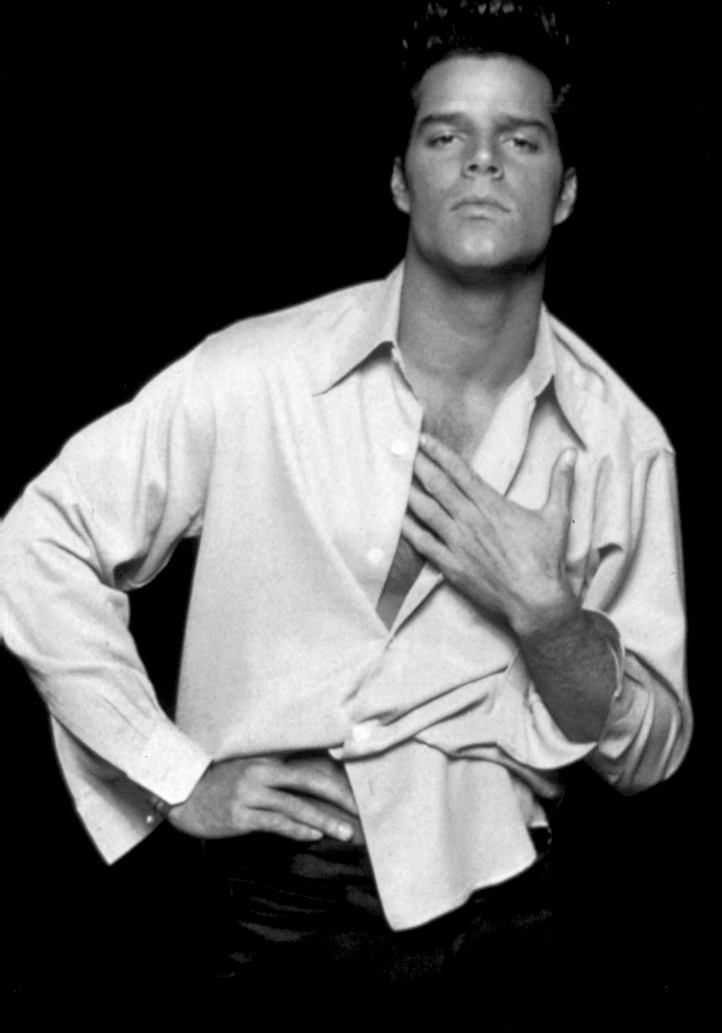

En 1992 se editó *Ricky Martin*, disco con el que inició su carrera musical como solista. La gira de conciertos llevó a Ricky por todo el continente latinoamericano, donde el disco alcanzó un éxito de ventas espectacular. En 1993 llegó *Me amarás*, un álbum más maduro con el que Ricky se dio a conocer en el mercado latino de Estados Unidos. A finales de ese año ya era considerado por la crítica musical especializada como el artista latino más prometedor.

Ricky Martin aprendió
salsa con los grandes. En
la foto, con Tito Puente en
una fiesta en Miami.

Tras este segundo disco Ricky decidió tomarse un descanso musical, y marchó a Los Angeles para dedicarse de nuevo a su faceta de actor. La serie *Hospital General*, una de las más populares en la historia de la televisión norteamericana, le dio, en 1994, su primera oportunidad en el mercado estadounidense. Esta interpretación incrementó su fama, que todavía creció más cuando protagonizó en Broadway el musical *Los miserables*. Una experiencia que duró seis meses, en los cuales Ricky acaparó las alabanzas y obtuvo el reconocimiento de la crítica teatral por su trabajo.

Después de este éxito teatral, y tras diez años de trabajo casi ininterrumpido, Ricky necesitaba reflexionar y volver a definir sus objetivos. Fruto de esta madurez y determinación fue su tercer disco, *A medio vivir*, donde el cantante se ha implicado mucho en la composición de las letras y en la producción musical y que ha representado su consagración definitiva, con más de dos millones de copias vendidas. La canción *María* ha sido número uno en las listas musicales de casi todo el mundo, todo un acierto que ha supuesto la culminación de muchos años de esfuerzo y sacrificio. Cuando todavía están recientes los aplausos de la agotadora gira que ha llevado a Ricky por todo el planeta, llega su último álbum hasta la fecha: *Vuelve*. Un disco sorprendente que augura un futuro para el músico portorriqueño aún más brillante.

Ricky es un chico sano. Le encanta ir a la playa, practicar la natación y su bebida favorita es el agua.

Ricky derrocha pasión, alegría y sensibilidad en cada uno de sus conciertos.

DISCOGRAFÍA

Ricky Martin
(Editado por Sony
Music, 1991).
Me amarás
(Editado por Sony
Music, 1993).
A medio vivir
(Editado por Sony
Music, 1995).
Vuelve
(Editado por Sony
Music, 1997).